PLANETA ANIMAL
EL OSO PARDO

POR KATE RIGGS

CREATIVE EDUCATION · CREATIVE PAPERBACKS

Publicado por Creative Education
y Creative Paperbacks
P.O. Box 227, Mankato, Minnesota 56002
Creative Education y Creative Paperbacks son marcas
editoriales de The Creative Company
www.thecreativecompany.us

Diseño de The Design Lab
Producción de Chelsey Luther and Rachel Klimpel
Editado de Alissa Thielges
Dirección de arte de Rita Marshall
Traducción de TRAVOD, www.travod.com

Fotografías de Dreamstime Agefotostock (S. Gerth),
Alamy (Adam Welz, Tim Moore, weltblick), Dreamstime
Izanbar), Getty (Alexandre Boudet, mcb bank bhalwal),
iStock (GlobalP, miketanct), Shutterstock (Anton
Derevschuk, matteolo, Petr Simon, Rosa Jay, Sergey
Uryadnikov), SuperStock (age footstock, Paul Souders/
Alaska Stock - Design Pics)

Library of Congress Cataloging-in-Publication Data
Names: Riggs, Kate, author.
Title: El oso pardo / by Kate Riggs.
Description: Mankato, Minnesota: Creative Education and
Creative Paperbacks, [2023] | Series: Planeta animal |
Includes index. | Audience: Ages 6–9 | Audience: Grades
2–3
Identifiers: LCCN 2021061022 (print) | LCCN
2021061023 (ebook) | ISBN 9781640266698 (library
binding) | ISBN 9781682772256 (paperback) | ISBN
9781640008106 (ebook)
Subjects: LCSH: Brown bear—Juvenile literature. | Grizzly
bear–Juvenile literature.
Classification: LCC QL737.C27 R546518 2023 (print) |
DDC 599.784—dc23/eng/20211223
LC record available at https://lccn.loc.gov/2021061022
LC ebook record available at https://lccn.loc.
gov/2021061023

Tabla de contenidos

Actualmente viven

diez tipos de osos pardos en el mundo. El oso gris es una subespecie de oso pardo que vive en Norteamérica. Otros osos pardos están en Europa y Asia.

Los osos pardos viven en el hemisferio norte de la Tierra.

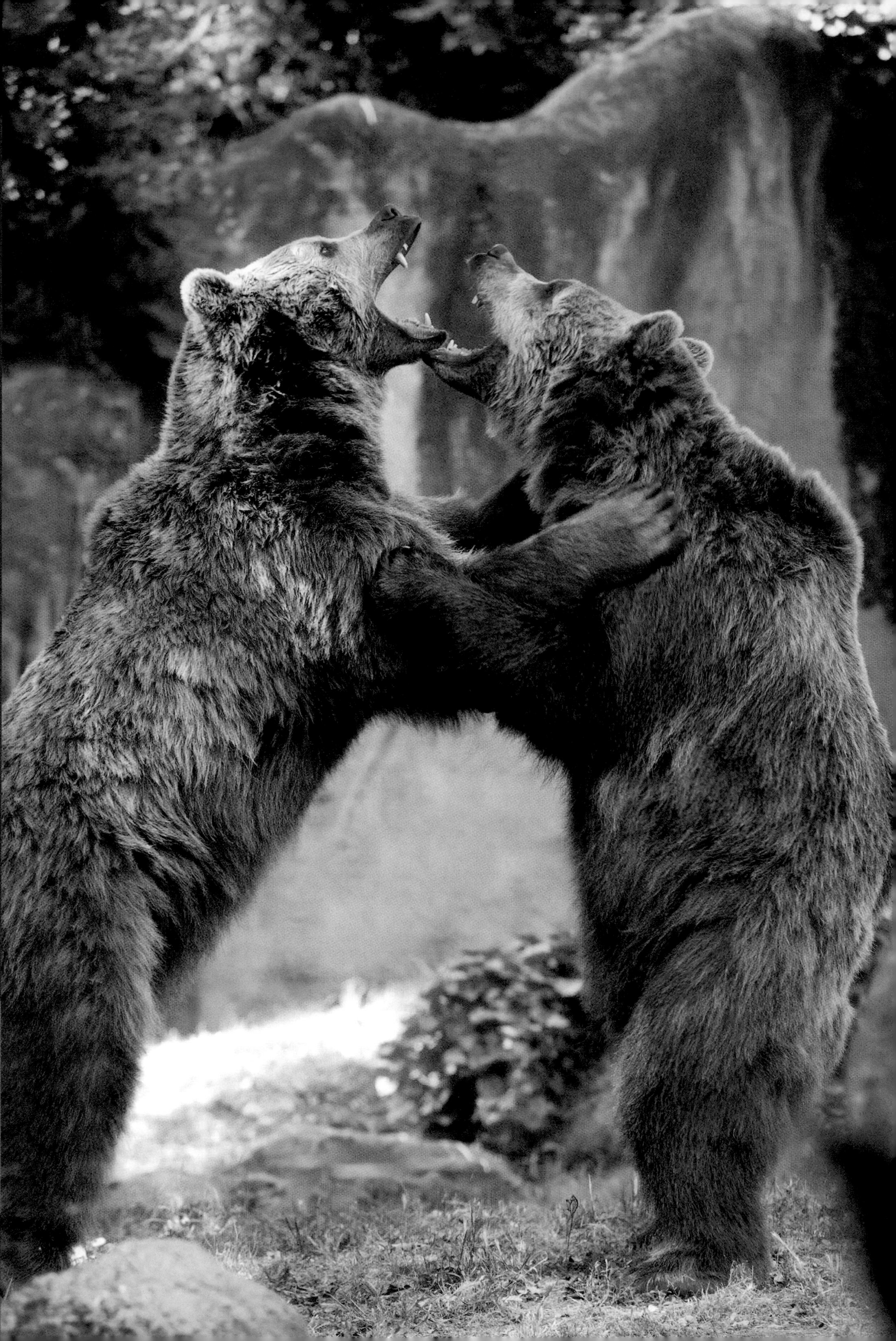

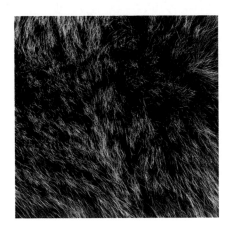

LOS osos pardos no siempre tienen el pelaje café. A veces, su pelo es negro. Todos los osos pardos tienen una joroba grande cerca de los hombros. Esta joroba está hecha de músculos fuertes que usan para cavar.

A veces, el oso pardo usa sus músculos para pelear.

El oso pardo de Kodiak es el oso pardo más grande. Viven en lugares fríos y comen muchos peces altos en grasa. El oso Kodiak macho puede pesar 1.500 libras (680 kg). Otros osos pardos machos pesan cerca de 800 libras (363 kg).

Algunos osos Kodiak se vuelven más grandes que el oso polar, que es el oso más grande del mundo.

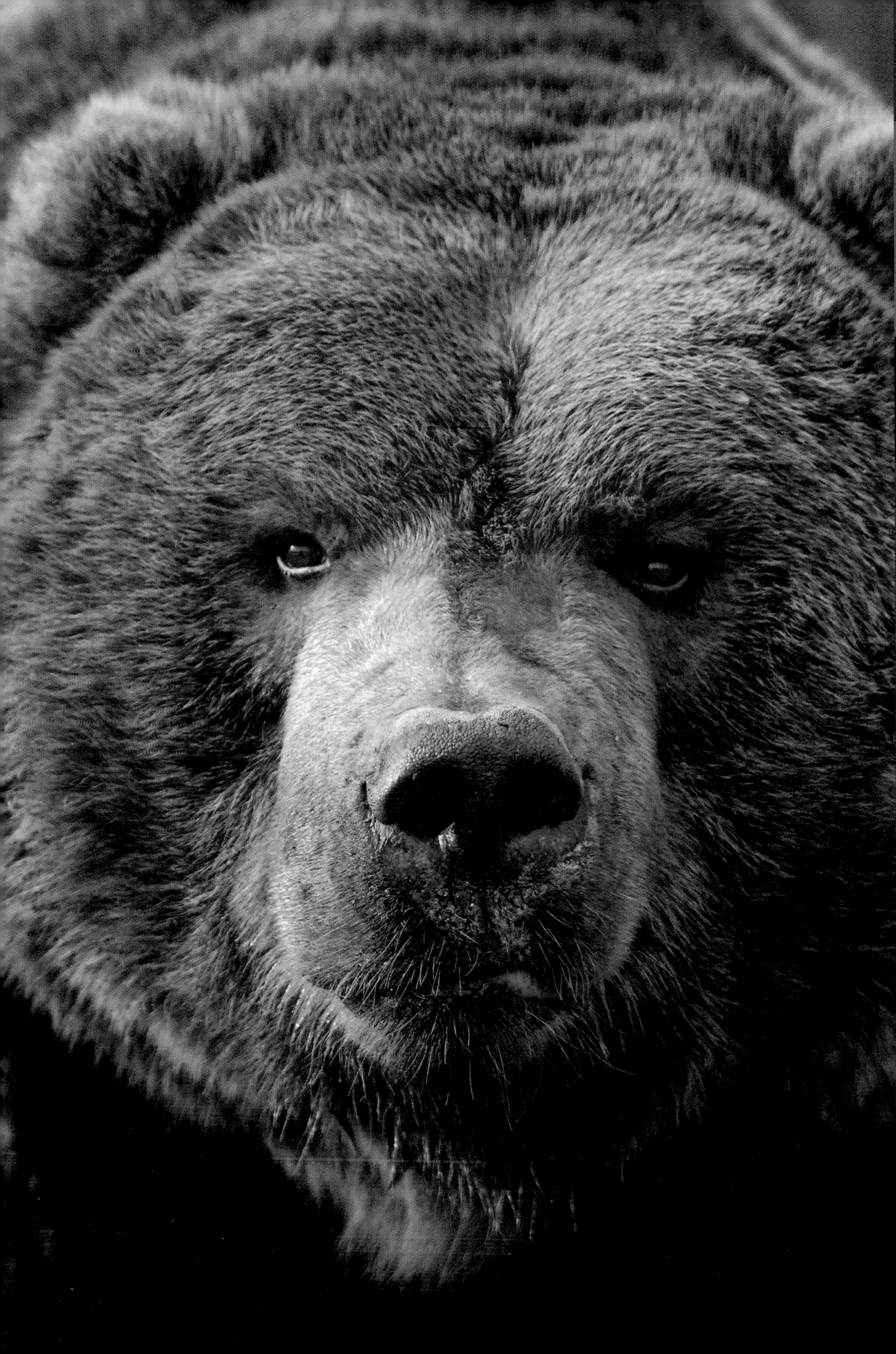

Los osos pardos caminan o corren en cuatro patas. Pueden correr a una velocidad de hasta 35 millas (56,3 km) por hora. Los pies del oso se llaman patas. Cada pata tiene cinco garras largas y curvadas.

Los osos pardos buscan peces que nadan en los ríos fríos.

Los osos pardos comen carne y plantas. La mayoría de los osos pardos comen mucho pasto y moras. Los osos pardos pueden oler la comida desde lejos. Cazan animales como ardillas y venados. Algunos osos pardos atrapan peces para comer.

Un oso pardo grande puede comer 30 peces al día.

Una osa madre puede tener hasta cuatro oseznos a la vez.

La mamá osa parda generalmente tiene dos oseznos. Los oseznos nacen en una madriguera. Los osos pasan el invierno durmiendo en sus madrigueras. En primavera, los oseznos abandonan la madriguera. Viven con su madre de dos a cuatro años.

madriguera un hogar que está escondido

oseznos osos bebés

*Quedan pocos
osos pardos del
Himalaya en Asia.*

Los osos pardos adultos viven solos. Cada oso tiene un **área de campeo**. Los osos pardos pueden vivir hasta 35 años en la naturaleza. Los osos de los zoológicos pueden vivir aún más.

área de campeo área donde viven los animales con suficiente alimento para ellos

Los osos pardos comen plantas y buscan otros alimentos. Caminan por su área de campeo. Les gusta frotar su espalda contra los árboles. Además, usan sus garras para dejar marcas en los árboles.

Los osos dejan su aroma en los árboles al frotar y rascarse.

A veces, la gente ve un oso pardo en el bosque. Es buena idea hacer mucho ruido. A los osos pardos les disgustan las sorpresas. ¡Observa estos osos grandes desde una distancia segura!

Los excursionistas hablan o cantan para avisarles a los osos que ya vienen.

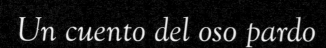

Un cuento del oso pardo

¿Sabes que existen dos constelaciones que forman la figura de un oso? En Grecia, la gente cuenta una historia sobre estas estrellas. Una vez, una diosa celosa convirtió a una mujer, Calisto, en una osa. Un día, Arcas, el hijo de Calisto, estaba cazando. ¡Él no sabía que su madre era una osa! El rey de los dioses puso a Arcas y a Calisto en el cielo para mantenerlos a salvo a ambos. Las constelaciones se llaman Osa mayor y Osa menor.

constelación grupo de estrellas que forman una figura en el cielo y que tiene nombre

Índice